AF261630

L'INSTITUTEUR

ET

LE PAYSAN

PAR

CHARLES DE VALMORIN

SE TROUVE

CHEZ LES PRINCIPAUX LIBRAIRES

—

1871

PRÉFACE.

Au début de la guerre, c'est-à-dire dans le courant de juillet de 1870, quelques chapitres de ce petit livre avaient paru dans un journal d'Évreux, le *Progrès de l'Eure*. Les circonstances douloureuses que chacun connaît interrompirent forcément la publication dans les colonnes de la feuille ébroïcienne. Les préoccupations étaient ailleurs. Cependant la lecture de mes premiers articles m'ayant valu l'approbation sympathique des uns et les colères des autres, je crois devoir expliquer ici la pensée qui a fait naître ce livre qui, bien que commencé avant la guerre, n'a rien perdu aujourd'hui de son opportunité. Il est des questions

qui sont toujours actuelles. C'est surtout un plai-
doyer que j'ai voulu écrire en faveur des instituteurs. Je sais bien que dans les hautes sphères
administratives on a quelquefois songé à eux,
et qu'il a été question d'améliorer leur état
précaire. Tout le monde était à peu près d'accord
sur un point: l'insuffisance du traitement. Mais
à côté de la gêne pécuniaire qu'il importe tant de
faire disparaître ou au moins d'adoucir, il existe
une tyrannie morale contre laquelle se débat en
vain l'instituteur des campagnes. Tant qu'on ne
l'aura pas arraché à cette tyrannie—la tyrannie
du paysan, du maire, du conseil municipal, du
curé — comment voulez-vous que son œuvre
devienne vraiment féconde? Or, en haut lieu, on
ignore généralement l'existence de cette tyrannie.
Moi j'ai vu les choses de près, je les ai touchées,
pour ainsi dire, et, en les montrant au grand
jour, je crois faire une bonne action. Tout à
l'heure j'ai parlé de sympathies et de colères.
J'avoue que les autorités villageoises et le curé se
trouvent assez malmenés dans mon livre. Et vite

les uns ont crié que j'insultais les conseils municipaux, les autres m'ont traité d'impie. Il es[t]
certaines gens qui font promptement d'un homm[e]
qui a le courage d'imprimer quelques vérités, u[n]
insulteur et un impie. Tout mon crime est d'avoi[r]
dit de rudes vérités : j'en avais la main plein[e]
et je n'en ai laissé s'échapper que quelques-unes[!]

Constater les abus, le mauvais vouloir de[s]
maires, l'ineptie, la sotte arrogance des conseil[s]
municipaux, est-ce donc insulter? Montrer l'instituteur sous le joug despotique d'un curé de village[,]
est-ce porter atteinte à des croyances respectables[,]
à la religion, en un mot? Je ne suis point de ceux
qui confondent le prêtre avec la religion. Je ne
suis point non plus de ceux qui haïssent le prêtre
de parti-pris. Le jour où le prêtre viendra à nous
avec amour, charité, foi éclairée, civilisatrice, le
jour où il ne regardera plus l'instituteur comme
son subordonné, et qu'il consentira à marcher à
ses côtés dans la voie pacifique, lumineuse, où
l'un et l'autre peuvent guider l'humanité, ce jour-
là, dis-je, je tendrai mes deux mains au prêtre.

Oui, qu'il s'unisse à l'instituteur pour combattre l'ignorance, les préjugés, la sottise villageoise, la superstition qui est une insulte au bon sens, un outrage à Dieu! Plus de cette auréole quasi-divine dont s'entoure le prêtre! Plus d'isolement à l'ombre des autels! Plus d'intolérance surtout! « Comment un homme, a dit Sismondi dans son étude sur les *Préjugés*, comment un homme ferait-il tort à un autre par une manière difféfente d'honorer ou d'aimer Dieu? Pourquoi les sentiments qui l'élèvent vers son créateur devraient-ils le compromettre envers ses frères? Ce n'est pas la piété qui est intolérante, mais c'est l'homme qui a fondé sur la piété d'autrui sa puissance et sa grandeur; c'est lui qui a cultivé les haines religieuses, et qui les a intimement unies à un sentiment qui ne devait inspirer que l'amour. »

Quelques-uns m'ont reproché aussi d'avoir dans certaines parties de mon travail usé d'un ton par trop léger. On a trouvé que j'aurais pu, entre autres, parler plus respectueusement des conseils municipaux. Je me demande si, en présence de personnages burlesques, il est possible de rester toujours sérieux. D'ailleurs le rire n'est pas méchant, et s'il est vrai que la comédie n'a jamais fait cesser les ridicules en les étalant à nu sur la scène, il est vrai aussi que les sermons solennels n'ont opposé au vice qu'une digue très-impuissante.

Non, je ne suis ni insulteur, ni impie, ni même méchant. Si je frappe sur le paysan, c'est parce qu'il m'est pénible de le voir croupir avec obstination dans l'ignorance; c'est parce que je voudrais, dans les ténèbres où il se complaît, voir descendre enfin quelques rayons de lumière vivifiante.

Je ne suis ni insulteur ni impie. L'instituteur souffre: il me fallait dire comment et par qui il souffre.

La France vient d'être cruellement éprouvée. Si nous voulons qu'elle redevienne une nation forte, intelligente, il faut que ceux qui sont chargés d'élever l'enfance soient mis dans une situation convenable, moralement aussi bien que physiquement. Les campagnes sont en retard. On se souvient du plébiscite. Eh bien! quand le peuple des communes rurales sera instruit, il pourra alors s'associer à la vie politique, et il ne commettra plus, connaissant mieux les hommes et les choses, la faute commise en mai 1870 et qui a été la source de désastres dont la France ne se relèvera pas de longtemps.

Puisse l'écho de ma faible voix aller jusqu'à ceux qui tiennent en leurs mains les destinées de l'instituteur, les destinées de la Patrie!

Mars 1871.

CHARLES DE VALMORIN.

L'INSTITUTEUR

ET

LE PAYSAN

On a écrit de nombreux volumes sur les instituteurs.
La presse, la presse libérale surtout et avant tout, a plaidé avec une chaleur qui l'honore la cause de ces utiles et modestes fonctionnaires. Des voix éloquentes se sont également fait entendre en leur faveur au sein de nos assemblées législatives. Le gouvernement impérial a fini par s'émouvoir, et, il faut l'avouer, quelques améliorations ont été faites, mais si légères, cependant, que la position des maîtres de l'enfance n'offre encore, à l'heure actuelle, rien de bien séduisant.

Un ancien, Lucien, je crois, écrivait que ceux que Jupiter voulait punir, il les condamnait au métier de précepteur. Métier, en effet, et qui donne à celui qui l'exerce à peine un morceau de pain ! Mais à côté de cette gêne matérielle, il y a une autre cause qui rend la situation plus misérable encore : en face de l'instituteur se dresse un adversaire terrible avec lequel s'engage un combat sans relâche, lutte des ténèbres contre la lumière, de la matière contre l'esprit, de la brute contre l'intelligence !

Cet adversaire, c'est le paysan, le paysan qui ne permet pas à l'instituteur de poser une main sacrilége sur ses préjugés, ses superstitions ; le paysan, qui, par tempérament, est porté à se méfier de ceux qui sont chargés de lui apporter la bonne nouvelle, l'auguste évangile du progrès et de la civilisation.

Entrons donc dans la géhenne où se débattent ces modernes damnés qu'on appelle les *maîtres d'école*.

I

Je connais le paysan. Vivant à la campagne, j'ai pu l'étudier à fond, et je me suis toujours étonné chaque fois que j'ai vu un écrivain le poétiser. Fantaisie d'artiste, sans doute, mais à coup sûr à cent mille lieues de la vérité, qui ne doit pas cesser d'apparaître, même à travers les voiles de la fantaisie. Célébrer ses vertus champêtres est du dernier plaisant, selon moi. On rencontrera bien çà et là quelques types touchants qui séduiront le poète ; mais c'est une exception, c'est la parcelle d'or cachée dans le fumier d'Ennius.

Le paysan est entièrement à régénérer. A part quelques rares régions visitées par la bienfaisante rosée intellectuelle, il est à peu près le même partout.

Je ne dis pas que tous ses instincts soient vicieux ; non, mais ce n'est pas moins un terrain très-ingrat, dur à défricher (1).

Par sa nature, le paysan est ennemi de l'instruction. Les progrès de l'industrie l'épouvantent, et il est un peu

(1) Ces pages étaient écrites quand un excellent ouvrage de M. F. Mérilhou, le savant auteur de l'*Histoire des Parlements,* m'est tombé sous les mains. J'ai été heureux, en parcourant le *Périgord noir,* de me rencontrer en communauté d'idées et de vues avec l'éminent écrivain. Il m'arrivera de lui emprunter quelques citations. Elles prouveront que le paysan, étudié plus spécialement par moi en Normandie et dans quelques autres départements, est à peu près le même partout. « Là, dit M. Mérilhou en parlant des paysans périgourdins, là où l'instruction n'est pas venue pour débarrasser la nature humaine du mauvais alliage qui peut la dépraver, on trouve des hommes ignorants et naïvement égoïstes ou méchants. »

de l'avis d'un cardinal-sénateur qui regardait nos voies ferrées comme une invention diabolique.

Une seule chose le préoccupe : c'est que son enfant sache calculer, et cela s'explique : méfiant, avare, exclusivement voué à ses intérêts matériels, il ne voit pas au-delà de son champ. La culture morale de l'individu lui paraît inutile ; je ne sais même pas s'il soupçonne l'existence d'une morale quelconque. S'il va à la messe, ce n'est pas assurément pour élever son âme vers l'Auteur de toutes choses, mais c'est parce qu'il craint qu'un maléfice soit jeté sur ses récoltes ou sur ses bestiaux. Il n'existe donc chez lui aucun sentiment religieux ; s'il se montre plein de déférence envers le curé, ce n'est pas parce qu'il aime ou estime le curé, mais parce qu'il en a peur.

II

Or, de la crainte et de la bêtise réunies est née la superstition. L'instituteur en est victime ; car c'est par la superstition que nos curés de village tiennent le paysan ; c'est par là qu'ils le dominent, qu'ils en font pour ainsi dire leur *chose propre*.

Cela, bien entendu, est une règle générale ; je connais

d'intelligentes et honorables exceptions parmi les desservants; malheureusement elles sont peu nombreuses. Après tout, le curé lui-même est un paysan.

Né et élevé au village, sans fortune, il est ordinairement *poussé* au séminaire par le prêtre qui lui fait faire sa première communion. Il est entretenu au moyen des quêtes qui se font à Noël et à Pâques; car, suivant les mandements de MM. les évêques, les besoins du séminaire *sont toujours pressants.*

Le pauvre enfant, qui n'a jamais connu d'autre horizon que celui de son village, et dont l'esprit a été nourri de plus ou moins de préjugés, entre au séminaire où de nouveaux préjugés lui seront inculqués, et où on lui apprendra l'histoire de son pays dans les loyaux et véridiques tomes du jésuite Loriquet. Il passera là une dizaine d'années, sans avoir jamais vu ou connu le monde, et il sortira avec un très-léger bagage littéraire, historique, philosophique et scientifique, pour aller à son tour se mettre à la tête d'une paroisse.

Croyez-vous qu'une fois installé dans son presbytère, il consacrera ses loisirs à refaire une éducation et une instruction déplorables? Pas le moins du monde. Simple et belle langue française, que de fois tu seras outragée dans la chaire de vérité !

Si, dans sa commune, il existe un château, le curé commencera par s'attirer les bonnes grâces du châtelain et de la châtelaine. Il ira régulièrement au château, ne pensera que comme on pense au château, et détestera, sous peine d'ostracisme, ce qu'on déteste au château. Qu'importe! Il y aura dîners et soupers combinés, dons d'étoles, de soutanes, de tricornes, d'ostensoirs, que sais-je? Puis, surtout, quand on aura une petite haine à satisfaire quand même, on usera sans scrupule de l'influence que le châtelain et la châtelaine peuvent avoir en haut lieu.

A défaut de château, il s'agira de capter la bienveillance des gros bonnets de l'endroit, ce qui ne sera pas difficile: maire, adjoint, conseiller municipal, marguiller, cafetier, fossoyeur, etc., tous se disputeront l'insigne honneur de faire asseoir M. le curé à leur table. Le voilà maître du terrain ; car à défaut d'instruction, il a l'esprit de caste, et l'instituteur comptera d'abord avec l'omnipotence de ce paysan d'une nouvelle espèce, qui entraînera les deux tiers du village au moins dans ses querelles avec le maître d'école. Qui oserait penser autrement que M. le curé qui sait tout et qui peut tout? Pauvre instituteur !

III

Au bon temps de la Restauration, pour être admis à diriger une école de village, il fallait, indépendamment du brevet (et sans cela , ce dernier était considéré comme nul et non avenu), fournir à l'évêché un certificat du curé de sa paroisse attestant que l'on avait toujours rempli ses devoirs religieux. Je n'avance rien à la légère : pour s'en convaincre, il suffit de feuilleter un recueil de l'époque que j'ai parcouru avec plus d'indignation que d'édification , les *Tablettes du clergé*, dont il serait facile de retrouver la collection. De l'intelligence, on ne s'en occupe pas ; de l'instruction , pas davantage ; ce qu'il faut avant tout, c'est un certificat en bonne forme au moyen duquel on puisse dire : « Depuis ma tendre enfance je n'ai jamais manqué aux offices et j'ai régulièrement rempli mon devoir pascal (1). »

(1) « Pour les écoles dans lesquelles seront admis cinquante élèves gratuits, l'autorisation d'exercer sera délivrée, aux candidats munis de brevets, par une commission présidée par l'évêque dio-

Le règlement des écoles rédigé de 1850 à 1854 (je ne saurais préciser la date), et qui semble, grâce peut-être à M. Duruy, à peu près tombé en désuétude, essayait, sous certains rapports, de faire revivre les beaux jours de la Restauration.

L'instituteur, y est-il dit, doit se montrer plein de déférence envers les autorités locales. Les autorités locales ce sont : le maire, le curé et le conseil municipal. Voyez-vous déjà le rôle ridicule infligé à ce malheureux jeune homme qui, pour un misérable morceau de pain, s'est condamné à s'enfermer entre les murs d'une classe de village, et dont la pénible existence s'écoulera dans ce double exercice : 1° apprendre à lire aux enfants de ceux qu'il doit, lui, regarder comme ses maîtres ; 2° décrasser — physiquement parlant — tous ces petits mal léchés qui auront toujours raison contre lui auprès de leurs parents ?

Ce n'est pas tout : il est encore écrit dans le même règlement que l'instituteur ne se bornera pas à prescrire

césain. — Pour les autres écoles, l'autorisation spéciale sera délivrée par l'évêque diocésain. Il surveillera ou fera surveiller ces écoles. Il pourra révoquer les autorisations spéciales. » (Ordonnance royale du 8 avril 1824. Voir celles des 29 février 1816, 1er juin et 30 décembre 1822.)

les devoirs religieux à ses élèves, mais qu'il ne manquera
pas de les accomplir lui-même. N'y a-t-il pas là, je le
demande, une atteinte, et une atteinte sacrilége, à la
liberté de conscience, liberté sacrée entre toutes les li-
bertés ? Les paysans, eux, n'iront pas à confesse ; mais
ils blâmeront hautement, de concert avec le curé, l'instituteur qui, par scrupule, a cru devoir s'abstenir.

Si, pour l'administration académique, ce pitoyable
règlement est, comme je l'ai dit plus haut, à peu près
considéré comme lettre-morte, MM. les desservants ne
le jugent point ainsi, et je pourrais citer plus d'un instituteur intelligent qui m'a tenu ce langage :

« Ce n'est point par conviction que je fais mes Pâques,
que je communie à Noël ; mais que voulez-vous ? Il faut
que j'évite les persécutions de mon curé, qui m'attireraient
infailliblement celles du maire, du conseil municipal et
de tous les habitants. »

Il y aurait, il me semble, une réponse bien simple à
faire par l'instituteur au curé qui viendrait impérieusement
le rappeler à l'observance des devoirs religieux, celle-ci :

« Monsieur le curé, je veux bien croire que tout ce
que l'église catholique, apostolique et romaine enseigne
est la vérité, rien que la vérité. Mais c'est aussi en raison
de cette croyance que je m'abstiens. Pour recevoir le

2

pain eucharistique, il faut — vous l'enseignez vous-même — que l'âme ait recouvré sa blancheur virginale. Or, moi, j'ai un scrupule : malgré tous les efforts que je fais pour parvenir à la rendre telle, je ne crois pas encore la mienne assez pure, assez blanche pour être unie aussi intimement à Jésus-Christ. J'espère, dans un avenir plus ou moins prochain, avoir entièrement dépouillé le vieil homme. En attendant, vous ne souffrirez pas que, pour vous être agréable, je reçoive ma propre condamnation. »

Votre curé pourra vous répliquer que, lui, il communie tous les jours ; mais vous, monsieur l'instituteur, qui n'avez pas reçu l'imposition des mains, vous objecterez que, n'étant qu'un simple mortel, vous êtes plus exposé que lui, prêtre, à tomber dans le péché, le démon ayant plus de prise sur vous que sur lui qui — des paysans me l'ont affirmé — a le pouvoir de chasser le diable.

IV

J'ai nommé le conseil municipal. Savez-vous ce que c'est qu'un conseil municipal de village ? Vous a-t-il été donné d'assister à une de ses séances? Moi, j'ai eu ce bonheur, et j'ai regretté (pur amour des caricatures!) de n'avoir pas alors le crayon de Cham. L'instituteur est ordinairement le secrétaire du conseil, comme il l'est, du reste, de toute la commune, de M. le maire en particulier, qui ne se gêne pas pour le déranger, selon son caprice, au beau milieu de sa classe. Et cela doit être ainsi, puisque l'instituteur a la bonne fortune de partager avec M. le maire la côtelette de lard salé, le boudin, l'andouille, cette fameuse andouille qui laisse de si agréables souvenirs, même dans le cœur d'un préfet (1).

La séance est ouverte : il s'agit du budget de l'école. En guise d'exorde, on parle foins, trèfles, pommes, vaches, veaux, cochons, chevaux. Le secrétaire — l'instituteur — est là, la plume à la main, le volumineux registre tout grand ouvert devant lui, attendant qu'on délibère, attendant qu'on ait délibéré (2).

(1) M. Janvier de la Motte, le plus connu des préfets de France. On se souvient de cette anecdote qui, lors du départ d'Evreux de M. Janvier égaya si fort la presse parisienne et la presse départementale. En allant à la gare, M. Janvier aperçut dans la foule l'adjoint d'Émanville : « Mon cher adjoint, lui cria-t-il, je n'oublierai jamais vos andouilles ! »

(2) « M. le maire reçoit un jour une lettre du sous-préfet, qui

La grange, l'étable, l'écurie, la basse-cour épuisées, on arrive enfin à l'école.

Oyez, s'il vous plaît, le dialogue suivant que, par respect pour mes lecteurs, je crois devoir traduire en français :

— Dis donc, Mathurin, il me semble qu'on en veut faire de vrais seigneurs de nos maîtres d'école ? Diantre ! Un traitement de sept cents francs ! Sept cents francs de rente ! n'est-ce rien que cela ?

l'autorise à *réunir extraordinairement* le conseil municipal, pour délibérer sur une mesure quelconque. M. le maire donc réunit le conseil municipal, et annonce au début de la séance que M. le préfet lui *at écri* ou *zécri* ; qu'après avoir lu et relu la lettre de M. le préfet, il n'y a rien compris. Chacun des conseillers tourne et retourne entre ses doigts la terrible lettre, et tous en chœur déclarent qu'ils n'y peuvent rien comprendre. On parle d'autres choses complètement étrangères au but de la réunion : on cause sainfoin, luzerne, maïs et pommes de terre ; puis, après quatre heures consacrées à des causeries particulières, M. le maire lève la séance. » (F. Mérilhou : *Les anciennes provinces de France. Le Périgord noir.*) N'ai-je pas raison de dire que le paysan est le même partout ; et ce proverbe « bête comme un maire de campagne », répandu dans plusieurs départements, n'est-il pas quelque peu vrai ? L'esprit natif du paysan ne pourra-t-il jamais être modifié ? Au XVIᵉ siècle, Montaigne jugeait sévèrement le paysan. Ouvrez le livre des *Essais*, liv. III, ch. VIII.

— Cher Claude, mon grand-père m'a raconté que de son temps on ne ruinait pas le pays pour faire un *sort* au maître d'école. C'était ordinairement le curé de la paroisse qui apprenait à lire à nos papas. Et, tout de même, ça faisait de fiers savants, va !

— Oui, et ça ne coûtait rien. Aujourd'hui, il faut se saigner pour éduquer son gars. Trente sous ! trente sous par mois ! C'est une dépense, ça, une grande dépense ! Le gouvernement veut nous mettre sur la paille.

Un troisième membre prend la parole :

— Qu'est-ce qu'il chante donc, le budget de cette année ? Faut-il encore voter pour le cours d'adultes ? Faut-il un traitement pour la maîtresse des travaux à l'aiguille ? Balivernes ! balivernes ! Et qu'est-ce qu'on nous enseignera au cours d'adultes ? Le français ? en avons-nous besoin ? — Le calcul ? quand la bourse de cuir est pleine, on sait en compter le contenu. — L'histoire ? des bêtises. A quoi bon connaître ce qui s'est passé il y a deux cents ans, puisque nous n'étions pas au monde ? — La géographie ? que le diable les emporte ! je ne suis jamais allé qu'au chef-lieu de canton pour y vendre grains et bêtes, et c'est assez ! — L'agriculture ? ces blancs-becs de maîtres d'école sont-ils capables seulement de faire pousser un chou ?

—Tu as raison, Benoît, reprend un quatrième membre. Toutes ces choses-là font plus de mal que de bien. Et pourtant, si l'on écoutait nos maîtres d'école, on leur bâtirait des châteaux maintenant ! C'est trop fort. Une chambre et une cuisine, ça suffit, n'en déplaise à M. Pinseck, ici présent, M. Pinseck, qui veut qu'on lui agrandisse son logement. Est-ce notre faute, à nous, s'il a des enfants tous les ans ?

Le gros Guillot expose en ces termes ses griefs :

— Moi, je n'ai jamais su ni lire ni écrire ; est-ce que je m'en porte plus mal ? Au contraire : j'engraisse tous les jours. Pourquoi mes enfants en sauraient-ils plus long que moi ?

Au milieu de cette éloquente discussion, longuement prolongée, le percepteur a établi le budget communal et l'instituteur écrit la délibération.

Il ne reste plus qu'à signer.

On signe ; car, n'est-ce pas un honneur d'apposer son nom sur le registre des délibérations ? Cela n'est pas donné à tout le monde ! On n'a rien compris au budget, rien compris à la rédaction du procès-verbal de la délibération, mais on a signé ! (D'aucuns disent : *siné !*)

Sans le précieux concours de l'instituteur, du percep-

teur et de l'agent-voyer cantonal, je me demande comment nos municipalités villageoises se tireraient d'affaire.
— Bah ! elles feraient comme par le passé.

Vous est-il arrivé d'ouvrir un registre quelconque des délibérations d'un conseil municipal campagnard ? Il y a là des pièces vraiment curieuses à recueillir. A cet effet, qu'il me soit permis d'adresser aux conseils généraux de France l'humble requête suivante :

« Messieurs les Conseillers généraux,

« Les registres des délibérations des conseils municipaux de village renferment des trésors inconnus jusqu'ici. Il existe dans ces registres des pages qui donnent des éblouissements. Pour l'édification de nos contemporains et pour l'instruction de nos petits-neveux, il serait bon que, dans chaque département, un choix intelligent fût fait parmi les harangues, adresses, proclamations, arrêtés municipaux. L'éditeur, je crois, y trouverait son profit. Tout cela réuni formerait dans chaque département un charmant volume qu'on pourrait intituler : *Chefs-d'œuvre de la littérature municipale.*

« En conséquence, je prie les conseils généraux de France de voter les sommes nécessaires pour faire face aux frais d'une publication intéressante et utile à la fois. »

La séance est levée.

V

Un paysan peut être bête sans être méchant. Mais si ce même paysan est porté au conseil municipal par le suffrage de ses concitoyens, c'est autre chose ! Le plus souvent, la bêtise se trouve alors doublée de méchanceté. Notre homme est devenu un personnage, un gros bonnet !

Dans l'humble village où j'ai reçu le jour existait, il y a une quinzaine d'années, un marchand de peaux de lapins, fouines, putois, etc. L'industriel, vierge de la plus élémentaire instruction, avait fini, grâce aux peaux, par se créer une certaine aisance. Les élections arrivent ; quand on a des champs au soleil, on fait comme M. Janvier (1), on pose sa candidature : le marchand de peaux est proclamé membre du conseil municipal.

(1) N'étant plus préfet de l'Eure, M. Janvier voulut au moins devenir conseiller général de ce même département. Il fallait une

Il fallait voir comme il était radieux et fier, le lendemain de l'élection ! De village en village, pour annoncer sa victoire, comme le baudet de la fable,

> Il marchait d'un pas relevé,
> Et faisait sonner sa sonnette.

Le rencontrant, j'eus la simplicité de lui offrir un petit verre :

— Y pensez-vous ? dit-il, se redressant de toute sa hauteur. Je ne bois qu'avec mes pareils !

Je m'inclinai.

Tous les conseillers municipaux ne sont pas marchands de peaux ; mais, à peu d'exceptions près, ils peuvent donner la main à mon intelligent compatriote.

Et c'est pourtant entre de pareilles mains qu'on voudrait remettre le sort des instituteurs !

Cela ne se peut pas. Si quelques légers progrès ont été réalisés, on ferait là une fameuse reculade.

Les instituteurs choisis par les conseils municipaux, ennemis de toute lumière, de toute civilisation, de toute

propriété. L'ex-préfet en acheta une, et il put être inscrit au rôle de la contribution foncière pour un impôt de QUATRE-VINGT-DIX-SEPT CENTIMES.

initiative ? Allons donc ! On ne le permettra jamais. Un homme intelligent, instruit, qui verrait ses actes quotidiennement contrôlés par des individus sachant à peine lire et écrire, et n'ayant pas, pour ainsi dire, leur libre arbitre !

Messieurs les députés, je me jette à vos pieds et vous crie : grâce ! grâce !

Peut-être direz-vous : justice (1) !

VI

L'ambition, cette déesse toujours inassouvie, hante

(1) Dans les premiers mois de 1870, les Chambres, on le sait, allaient être saisies de la question de l'instruction primaire. Les principaux organes de la presse s'émurent alors. En ce qui concerne le personnel des instituteurs, beaucoup inclinaient pour retirer aux préfets la nomination de ces fonctionnaires ; ils pensaient qu'il valait mieux qu'ils fussent choisis par les conseils municipaux eux-mêmes et placés sous leur surveillance directe. Ceux qui émettaient ces idées ne doivent pas connaître le paysan. Beaucoup d'esprits sérieux et de bonne foi s'associèrent néanmoins aux vœux exprimés par les organes en question. Ce fut là un des principaux motifs qui me décidèrent à prendre la plume.

aussi bien les communes rurales que les cités les plus
opulentes. Quel est le petit fermier , le petit propriétaire,
qui ne cherche pas à agrandir son champ ? Quel cultivateur n'aspire pas à tremper ses lèvres dans cette fameuse
coupe d'or des concours régionaux ? quel est l'éleveur
qui , dans ses rêves, n'a pas vu suspendre la croix
d'honneur aux cornes de ses bœufs ? Une fois conseiller
municipal , savez-vous ce qu'on désire ? Devenir maire à
son tour , ou tout au moins adjoint ! C'est si beau de
ceindre l'écharpe tricolore , surtout aux grands jours des
fêtes nationales , aux processions de la Fête-Dieu ! Qui
ne s'incline avec respect devant ce noble emblême de la
dignité municipale !

Mais bientôt M. le maire vise plus haut. Il se trouve
trop à l'étroit dans ses fonctions. Il lui faut un théâtre
plus vaste. Pourquoi ne serait-il pas conseiller d'arrondissement ? Conseiller d'arrondissement , c'est un titre
qui sonne ! Et puis, c'est si utile un conseiller d'arrondissement ! Il se met donc sur les rangs, M. le maire ;
comme il a une cave bien garnie , une basse-cour abon-
damment pourvue, il invite à sa table le sous-préfet , le
procureur près le tribunal civil , le juge de paix, l'agent-
voyer d'arrondissement, le doyen du canton, le lieutenant
de gendarmerie. On mange les poulets , les canards , les

dindons de M. le maire; on boit ses meilleurs vins, et M. le maire, grâce à sa basse-cour et à sa cave, a acquis les qualités nécessaires pour siéger au conseil d'arrondissement. Sa nouvelle dignité l'empêchera de trinquer désormais avec le maître d'école, qui devra vénérer M. le maire comme à Constantinople on vénère le Grand-Turc, se prosterner devant M. le maire comme en Chine les citoyens de l'empire du Milieu se prosternent devant le Fils du Soleil. Prenez garde à vous, monsieur l'instituteur; gardez-vous bien de faire un faux pas; regardez bien si le nouvel élu fronce le sourcil; car, pour vous faire décamper, il suffit d'un signe de M. le conseiller d'arrondissement !

Que l'on me permette de placer ici une anecdote dont je puis garantir l'entière vérité historique.

VII

Un jeune et très-intelligent instituteur est envoyé dans une commune de Normandie. Naturellement, il doit sa première visite à M. le maire. Ce dernier est, en outre, conseiller d'arrondissement, et cela depuis douze ans, ce qui n'en plaît pas davantage à l'épouse du magistrat, fatiguée des mille et un dîners offerts aux grosses têtes de la contrée.

La naïve femme ne peut comprendre que sa position oblige, et elle aimerait mieux porter ses volailles au marché que de les voir s'engloutir dans les ventres proéminents des dignitaires du canton.

Le jeune instituteur est reçu froidement, avec hauteur, par M. le maire-conseiller, dont une blouse immense dissimule les formes majestueuses.

— Qui êtes-vous ? D'où venez-vous ? Quelle est votre situation de fortune ? Êtes-vous fils de cultivateur ou d'ouvrier ? Êtes-vous marié ?

Il faut répondre à cette kyrielle de questions.

Enfin le nouveau-venu se trouve installé. Pendant six longs mois, il essuie les tracasseries, les dédains de l'altier conseiller d'arrondissement.

Mais voici les élections qui approchent, et avec elles va sonner l'heure de la vengeance.

Un matin M. l'instituteur est mandé chez M. le maire. Le jeune homme est bouleversé du cordial accueil qui lui est fait, il ne comprend rien aux attentions délicates dont il est l'objet. Par quel insondable mystère l'olympique conseiller s'est-il soudainement humanisé ? La table est dressée, les plats succulents se succèdent, les vieux vins surgissent de la cave, l'odorant moka fume dans les tasses ; la langue de M. le maire s'est déliée :

— Monsieur l'instituteur, dit-il du ton le plus affable, j'ai un petit service à vous demander, et je l'attends de votre amitié. Vous savez, du reste, que j'ai pour vous la meilleure estime. Je prise très-haut votre savoir. Mon mandat de conseiller d'arrondissement va prochainement expirer ; çà et là apparaissent quelques concurrents. Eh bien ! il faut frapper les électeurs par une superbe profession de foi... — Allons, monsieur, encore un verre de St-Émilion.

Après la rasade, M. le maire continue :

— Voyez-vous où je veux en venir ? devinez-vous l'espèce de service que vous pouvez me rendre ? Depuis plusieurs semaines, mon cher instituteur, j'ai de fréquentes migraines : impossible de rédiger quatre lignes ! Je puis compter sur vous, n'est-ce pas, pour une profession de foi ?

Un éclair traversa l'esprit de l'instituteur :

— Certainement, M. le maire, vous pouvez compter sur moi. Laissez-moi me recueillir dans le silence du cabinet, et dans deux heures, dans trois heures tout au plus, je reviens avec une pièce qui éclatera comme la foudre sur la tête de vos adversaires.

Il est des vengeances légitimes.

Que fit l'instituteur ? Une incroyable profession de foi, une œuvre où le crétinisme se mariait savamment avec le burlesque, une œuvre assaisonnée de ce bon sens qui ferait tressaillir d'aise un La Palisse dans sa tombe !

Il présenta son élucubration à M. le maire qui trouva la chose superbe, la copia et la porta en diligence à l'imprimerie du chef-lieu. Quand il fut donné aux électeurs de déguster cette prose désopilante, un rire homérique éclata dans tout le canton ; mais M. le maire ne fut plus conseiller d'arrondissement.

L'instituteur était vengé ; la basse-cour et la cave étaient sauvées.

VIII

L'imbécillité, comme les fleurs, a d'innombrables variétés ; parfois le maire d'une commune rurale porte ses vues jusqu'au conseil général.

Il faudrait que, pour combattre leur candidature, ces grotesques personnages rencontrassent des préfets comme M. Janvier.

Sa carrière administrative, parsemée de tant de traits variés, en présente un bon pourtant. Un maire de village tenait à tout prix à faire partie du conseil général. Savez-vous la magnifique raison que lui opposa publiquement M. Janvier ?

— Vous, conseiller général, lui cria l'éloquent et fougueux préfet ; mais vous êtes trop bête !

IX

Je crois avoir établi la parfaite incapacité des autorités villageoises, leur prodigieux mauvais vouloir, leur amour de la routine. Au milieu d'un pareil état de choses, que devient l'initiative de l'instituteur ? Voyons un peu.

L'institution des cours d'adultes a été une excellente chose. Dans la plupart des villes, des résultats satisfaisants ont été obtenus. Peut-on en dire autant des campagnes ? Non. Et cependant, ce n'est pas le zèle des instituteurs qui a fait défaut. Dès qu'un appel a été fait à leur dévouement, à leur désintéressement, ils se sont courageusement mis à l'œuvre. Ils ont pris à leur charge — eux si mal rétribués — le chauffage, l'éclairage ; ils ont fourni encre, plumes et papier. Mais croyez-vous qu'il était tenu compte de ces sacrifices par ces quelques jeunes gens qui venaient, chaque soir, pendant deux heures, s'asseoir sur les bancs de l'école ? La reconnaissance est une plante qui ne saurait prendre racine dans le cœur du paysan. — Il s'agissait d'établir une discipline pourtant. Une discipline ! On les prenait donc pour des écoliers, ces jeunes gens ? En voilà une prétention ! Celui-ci ne voulait point entendre parler d'orthographe ; celui-là ne venait que pour l'écriture ; tel autre n'avait besoin que d'apprendre à jauger ses tonneaux ; un quatrième ne savait trop ce qu'il venait faire. Avec de pareils éléments, organisez donc un cours régulier !

Et le supplice se renouvelle ainsi tous les jours pendant quatre mois. La clôture arrive ; on s'en va sans même adresser à l'instituteur une parole de remercîment.

Faut-il s'étonner, après cela, de la décroissance des cours d'adultes dans les campagnes ?

Vous me direz : l'instituteur trouve sa récompense dans son dévouement même. A merveille ! M. Guizot le pensait aussi ; et dans l'exposé des motifs de la loi de 1833, on lit les lignes suivantes :

« Il n'y a point de fortune à faire ; il n'y a guère

de renommée à acquérir dans les obligations pénibles
que l'instituteur accomplit. Destiné à voir sa vie s'écouler
dans un travail monotone, quelquefois même à rencontrer autour de lui l'injustice ou l'ingratitude de l'ignorance, il s'attristerait souvent et succomberait peut-être,
s'il ne puisait sa force et son courage ailleurs que dans
les perspectives d'un intérêt immédiat et purement personnel. Il faut qu'un sentiment profond de l'importance
de ses travaux le soutienne et l'anime ; que l'austère
plaisir d'avoir servi les hommes et secrètement contribué
au bien public, devienne le digne salaire que lui donne
sa conscience seule. »

M. Guizot mesure les hommes à la taille de ses doc-
trines, mais il tient trop peu de compte du côté pratique
de la question. « C'est sans doute, fait observer l'auteur
de l'*Histoire des Parlements*, une noble et utile mission
que celle de l'instituteur, envisagée à ce point de vue ;
mais c'est trop attendre de la nature humaine que de lui
supposer un tel degré d'abnégation. »

Oui, cet homme qui, dans l'hiver, passe chaque soir
deux bonnes heures au milieu de crétins ou d'esprits
inattentifs, pourrait faire de son temps un meilleur usage.
A quoi bon prêcher dans le désert ? Assis au coin de son
feu, en compagnie de sa femme et de ses enfants, il uti-

liserait ces longues soirées à des lectures fortifiantes, à agrandir le cercle de ses connaissances ; il amasserait des trésors qu'il distribuerait d'une façon plus fructueuse à ses élèves du jour.

Faut-il donc absolument laisser croupir dans leur ignorance nos adultes des campagnes ? Que l'on ne me prête pas cette pensée ! L'instituteur est-il celui qui pourrait répandre sur ces cerveaux desséchés la rosée rafraîchissante du savoir ? Je le crois. Mais il lui faudrait pour cela une liberté d'action qu'il ne pourra exercer que lorsqu'on l'aura dégagé des entraves de cette autorité municipale bien faite pour paralyser tous les efforts et décourager les abnégations les plus robustes.

X

Je placerai ici une légère digression.

Je suis loin de blâmer l'instruction que nos instituteurs reçoivent dans les écoles normales. Bien que les langues latine et grecque soient absentes du programme, que la rhétorique et la philosophie n'y figurent pas davantage, telle qu'elle est je la trouve préférable, cette instruction, à celle des petits séminaires que l'on quitte le plus souvent sans savoir sa langue. Mais une fois sorti de l'école normale, l'instituteur, au lieu de se mettre comme le curé en quête de dîners et de parties de plaisir, travaille et fait bien. Je parlais tout à l'heure des longues soirées d'hiver qu'il pourrait consacrer à agrandir le cercle de ses connaissances. Or, j'ai pu constater que ce qui manque le plus aux instituteurs, c'est une instruction littéraire suffisante. Pourquoi ne la compléteraient-ils pas pendant ces heures délicieuses de la veillée? Je ne prétends certes pas faire de l'instituteur un littérateur, un poète; mais si sa mission ne consiste point à cultiver les belles-lettres, je voudrais au moins lui en inspirer un goût très-vif. J'en ai vu ouvrir des yeux étonnés au nom de nos célébrités. Cela ne devrait pas être. Et d'ailleurs les lettres procurent tant de jouissances ignorées du vulgaire! Elles sont une si bonne, une si charmante compagnie! Puis, n'est-il pas vrai qu'elles fortifient l'âme et le cœur, qu'elles élèvent le caractère? Le contact des choses divines nous grandit nous-mêmes.

Ce vœu exprimé, j'aborderai les bibliothèques communales.

XI

Comme les cours d'adultes, l'institution de biblio-thèques communales serait une chose excellente. « Je voudrais voir, dit M. Mérilhou, je voudrais voir établir au chef-lieu de la commune une bibliothèque dont le fonds serait la collection complète et à bon marché des chefs-d'œuvre classiques de notre littérature française ; ce fonds s'augmenterait chaque année par l'acquisition des publications nouvelles et des recueils mensuels sur l'agriculture. La bibliothèque communale serait ainsi entretenue sans grands frais.

« Les résultats d'un pareil système seraient prompts à se manifester, et une génération ainsi préparée léguerait à une autre le bénéfice d'une expérience acquise. Ramenée ainsi à la hauteur d'une industrie locale, l'agriculture ne pourrait plus alors admettre les usages actuels ; elle serait régie par les lois générales de l'industrie. Les mille coutumes qui, aujourd'hui, paralysent la bonne foi dans les relations commerciales du cultivateur, deviendraient alors illicites et seraient repoussées par la conscience publique. Les paysans gagneraient à tout cela le bien-être légitimement acquis qu'ils ne peuvent entrevoir dans les conditions actuelles. »

Les bibliothèques communales ne peuvent être que l'œuvre de l'instituteur intelligemment secondé par les autorités locales. Ce concours, est-il sûr de le rencontrer ? Et, si des fonds sont mis à sa disposition pour acheter des livres, le curé n'interviendra-t-il pas pour défendre l'entrée de la bibliothèque à tel ou tel ouvrage ? A ses yeux, il n'y a qu'un petit nombre d'auteurs orthodoxes. Les autres, qu'il n'a pas lus, qu'il ne lira pas, mais qu'il juge d'après ses professeurs, sont assurément damnés, et si, dans le nombre, il s'en trouve quelques-uns qui ne méritent pas absolument de rôtir en enfer, il est au moins très-dangereux de les introduire dans une bibliothèque.

Voilà pour le curé, dans le cas où l'instituteur aurait des fonds à employer.

Mais ces fonds, il ne les aura pas. Il va de soi que des conseillers municipaux totalement illettrés, tiendront peu à voter une somme, si minime soit-elle, pour l'achat de livres destinés au public. A peu de chose près, l'instituteur qui voudra tenter l'établissement d'une bibliothèque communale recevra cette réponse :

— Êtes-vous assez naïf pour croire que le travail de la journée achevé, nous songions à autre chose qu'au repos ? Lire ? C'est bon pour vous qui n'avez que du temps à perdre !

Comment faire comprendre à ces gens-là que le travail intellectuel repose doucement du labeur corporel ?

XII

Je passerai maintenant à plusieurs causes qui nuisent à la dignité et à l'indépendance de l'instituteur. Je parlerai de certaines fonctions surtout, fonctions qui ne sont pas autre chose qu'une vassalité ignominieuse, enlevant à l'instituteur toute sa liberté d'action.

L'instituteur de village est presque toujours secrétaire de la mairie, ainsi que je l'ai dit plus haut. Il y trouve un accroissement de salaire. Mais de combien de dérangements — toujours au préjudice de sa classe — de combien d'humiliations mêmes ne paie-t-il pas ces quelques francs de secrétariat que le conseil municipal lui alloue avec tant de parcimonie ? Admettons — d'abord au point de vue du dérangement — une commune de trois cents âmes. Ce sont les plus nombreuses. Souvent le maire demeure à une certaine distance de l'école. Prenons une moyenne pour la distance : un kilomètre, par exemple. Sur 365 jours la correspondance administrative arrive chez le maire 200 jours seulement. Or, l'instituteur étant obligé de se transporter chez le pacha municipal à l'arrivée de chaque correspondance, ce sera donc un parcours de 200 kilomètres, soit 50 lieues qu'il fera dans l'année. Ajoutons maintenant le temps pris par les écritures ; mettons une heure par jour : voilà 200 heures. Dans ces petites communes, le traitement du secrétaire de la mairie varie entre 40 et 50 francs ; souvent même il est inférieur à ce chiffre. Et voilà un homme qui, pour faire 50 lieues à pied et pour travailler 200 heures, reçoit 50 francs ! Sans compter, bien entendu, les tracasseries, les vexations du maire, qui considère l'instituteur comme son propre secrétaire. N'est-ce pas, ou jamais, le cas de dire : *le jeu ne vaut pas la chandelle ?* Je verrais donc avec plaisir une mesure qui interdirait aux instituteurs la fonction de secrétaires de la mairie : d'un côté, leur dignité personnelle n'aurait plus à souffrir, et de l'autre ils trouveraient bien un moyen de gagner 50 francs et au delà.

XIII.

Dans certaines communes, indépendamment des fonctions de secrétaire de la mairie, l'instituteur en remplit d'autres encore : c'est ainsi que dans le Vexin normand il est tout à la fois chantre, sacristain, sonneur, fossoyeur. Comme chantre, comme sacristain, comme sonneur, il se trouve immédiatement sous l'autorité du curé. Mais le patron n'est pas toujours commode ; il a même des accès de mauvaise humeur ; le moindre retard peut l'irriter ; il faut sonner à l'heure, il faut allumer les cierges à l'heure, préparer l'eau et le sel. C'est encore bien pis si l'instituteur a besoin de s'absenter. Il lui faut alors demander très-humblement la permission à M. le curé, qui l'accorde souvent de très-mauvaise grâce, et qui parfois la refuse.

— Mon cher, dira-t-il, ce n'est pas pour vous promener que la fabrique vous paie.

Un dimanche (ô humiliation !) à l'issue de la messe, l'instituteur étant absent, j'ai entendu un curé, en présence de tous les paroissiens rassemblés, au pied de l'autel, interpeller le maire en ces termes :

— Pourriez-vous me dire où se trouve le maître d'école aujourd'hui ? Qui lui a donné l'autorisation de ne pas assister à la messe ?

Cet instituteur n'était pourtant ni chantre ni sacristain.

Dans une pareille situation, quelle influence morale le maître peut-il exercer sur ses élèves ?

Je ne sais si la coutume existe encore : mais dans ce même et riche pays du Vexin (1) que j'ai nommé plus haut, chaque dimanche, la messe terminée, l'instituteur, muni d'un panier, d'un vase et d'un goupillon, s'en allait offrir l'eau bénite de maison en maison. Ici il recevait pour salaire un morceau de pain ; là, on lui donnait *dix centimes*, absolument comme au mendiant qui vous tend la main au coin d'une rue.

Il paraît que celui qui, par un juste sentiment de dignité, ne voulait point se soumettre à cette humi-

(1) Lorsque l'auteur écrivait ces lignes, les hordes d'outre-Rhin n'avaient pas encore envahi le sol français. Mais, depuis, les belles et riches plaines du Vexin ont été ravagées, le pays pillé, incendié par les barbares !

liante coutume, était immédiatement répudié par la commune.

J'ose croire que l'administration académique a dû y mettre bon ordre.

XIV

Je vais toucher à un point délicat.

Oui, il est vrai, et malheureusement vrai, que l'on a essayé dans les derniers temps de transformer les instituteurs en agents électoraux. Il est vrai qu'envers les récalcitrants on a employé les menaces (Ces menaces, je dois le déclarer, ne venaient point de l'inspection académique). Il est vrai que, dans ces circonstances, l'instituteur s'est trouvé sous l'autorité du juge de paix, du commissaire de police, même du brigadier de la gendarmerie.

Un jour — ceci se passait dans le département de l'Eure — il s'agissait de l'élection d'un député ou d'un conseiller général. A l'issue de sa classe, un instituteur reçoit la visite d'un personnage, suivi de quelques autres et du maire de la commune.

— Vous aurez soin, dit sans préambule à l'instituteur

le personnage en question, d'inviter les pères de famille à voter pour M. un tel.

— Mon Dieu, monsieur, répondit l'instituteur, je ne m'occupe pas de ces choses-là !

— Messieurs, s'écria M. Janvier (car c'était lui-même), cet instituteur est plus bête que mes chevaux.

Voilà de l'atticisme, ou je ne m'y connais pas.

XV

A la fin de l'année scolaire, dans un assez grand nombre de localités, a lieu la distribution des prix. La chose se fait avec une certaine solennité. Je n'y vois pas grand inconvénient. Mais voici le revers de la médaille : il est d'usage que les parents des élèves, à cette époque des vacances, fassent un cadeau à l'instituteur. Chacun y contribue selon ses moyens. Le cadeau n'est pas autre chose qu'une pomme de discorde : telle maman trouvera que la récompense décernée à son fils n'est pas à la hauteur de sa générosité ; telle autre au contraire accusera l'instituteur d'avoir des préférences pour les enfants des familles aisées. Voilà donc un nouveau ligament !

XVI

A propos de distribution de prix, il me revient à la mémoire une histoire édifiante.

Les livres et les couronnés allaient être distribués ; les lauréats attendaient avec une joyeuse impatience l'appel de leur nom ; les mamans frémissaient d'aise ; le public — celui du village et des environs — était nombreux. Tout à coup, M. le curé, assis à la droite de M. le maire, se lève ; des dissentiments existent entre lui et l'instituteur ; charitablement, chrétiennement, devant ce public, devant ces élèves, devant ces mères de famille, il prononce un discours qui, de l'exorde à la péroraison, n'est qu'une furibonde catilinaire à l'adresse du maître d'école. Celui-ci, profondément humilié, n'a rien répliqué. Peut-être fut-ce sage de sa part. Il me semble pourtant qu'à sa place je me serais demandé s'il existe des juges à Berlin, et que j'aurais bel et bien traduit M. le curé en police correctionnelle.

XVII

Je n'ai énuméré qu'une partie des misères de l'instituteur. Il en est d'autres qui, minimes en apparence, finis-
sent cependant par atteindre des proportions telles, que le
pauvre fonctionnaire se trouve en face d'un nouveau et
véritable péril.

En première ligne plaçons les relations.

Assurément, dans chaque village, il est des gens que
M. le maire n'aime pas, que tel conseiller municipal
n'aime pas, que M. le curé déteste.

Parmi tous ces gens-là, il en est cependant de très-
honorables, parfois même d'intelligents.

Mais l'un, avec raison souvent, trouve que le maire et le
conseil municipal administrent mal les intérêts communs ;
l'autre pense que M. le curé, au lieu d'allumer des
dissensions, de souffler l'esprit d'intolérance, ferait mieux
de se renfermer exclusivement dans les limites de sa
mission, qui doit être toute tolérante, toute charitable,
toute fraternelle, chrétienne en un mot. L'un et

l'autre auront le courage de dire tout haut ce qu'ils pensent.

Malheur à l'instituteur qui fréquentera ces mauvaises têtes, comme diront le maire et le conseil municipal, ces impies comme dira le curé! Les admonitions ne lui seront pas épargnées, et, s'il n'en tient compte, viendra bientôt le cortége des menaces, des persécutions, des délations.

XVIII

Sa correspondance même sera un péril pour l'instituteur, puisque le paysan est très-ombrageux.

J'ai connu un instituteur qui recevait des lettres presque tous les jours; les voisins regardaient d'un œil curieux le facteur se diriger vers la maison d'école.

— Il a encore des lettres aujourd'hui! disaient-ils.

On posa cette question :

— Quel peut être cet homme dont la correspondance est si volumineuse ?

— C'est un MOUCHARD ! fut-il répondu à l'unanimité.

XIX

Si l'instituteur doit subir les tracasseries de M. le maire, de M. le curé, de MM. les conseillers municipaux, du cafetier, du marchand de tabac, il n'a pas moins à redouter l'influence du cotillon, influence qui s'étend du presbytère jusqu'au sein des affaires municipales.

Tout curé est orné d'une servante. Pour être assuré de la bienveillance du maître, il est indispensable d'obtenir préalablement les bonnes grâces de la gouvernante. Cette dernière, on le sait, est toute-puissante sur l'esprit du curé ; comme on le dit vulgairement, c'est elle qui *porte la culotte.* Déplaire à Mlle Manette, c'est déplaire à M. l'abbé ; M. l'abbé n'invitera l'instituteur à sa table — honneur insigne — qu'après autorisation de Mlle Manette ; il ne sourira à l'instituteur que lorsqu'elle lui sourira elle-même ; si elle fronce le sourcil, il devra le froncer également. Donc, pour aller au cœur de M. le curé, il faut d'abord prendre d'assaut celui de la servante. Rude besogne !

M. le maire aussi est orné d'une dame. Comme son important époux, ce n'est pas positivement par l'intelligence qu'elle brille. Comme Mlle Manette, c'est elle aussi qui porte la culotte. Nouveau siége aussi difficile, aussi laborieux que le premier. Mme la *mairesse* est une paysanne sans éducation, d'une fierté qui s'élève à la hauteur de sa stupidité. Comment faire une brèche à ce mur de granit ? Quelques-uns pourtant y réussissent. Je les plains, car c'est presque toujours aux dépens de leur dignité, avec les armes de la plus triviale adulation qu'ils ont triomphé.

Après avoir subjugué la servante du curé, la femme du maire, croyez-vous la besogne terminée ? Nenni ! — Et les femmes des conseillers municipaux ? Et les mères de vos élèves ? Et celles qui ont des filles à marier ? Ce sont ces dernières surtout qu'il faut attendre armé de pied en cap. Tout instituteur jeune, non marié, est certain d'être assailli jusqu'au milieu même de sa classe.

— Ah ! Monsieur, Louise est une personne accomplie !

— Clotilde sait lire et écrire comme un ange !

— Marguerite est la plus jolie fille du canton !

— Héloïse — pas celle d'Abélard — a de magnifiques champs au soleil !

Et le cortége ne finit pas.

Harassé, persécuté, l'instituteur se marie. Sur vingt concurrentes, dix-neuf sont tombées sur le champ de bataille de Cythère. Les dix-neuf rivales — sans y comprendre leurs mamans — se sont métamorphosées en implacables ennemies.

Je n'exagère rien.

Servantes de curés, femmes des maires et des conseillers, mères de famille, mères ayant des filles à marier, bon Dieu, quelle redoutable armée ! Ne vaudrait-il pas mieux avoir à combattre dix tribus de Kabyles ?

XX

Dans les communes où il existe un château, les domestiques dudit château se considèrent comme fort au-dessus de l'instituteur — pauvre hère qui est loin de vivre aussi grassement qu'eux. — Que l'instituteur mette chapeau bas, bien bas devant eux, ils daigneront lui offrir leur protection auprès de *monsieur*, le haut et puissant seigneur de l'endroit. Mais gare à lui, s'il n'a pas une déférence suffisante envers les gens de la livrée ! Qui peut égaler la bassesse d'un valet , si ce n'est sa méchanceté et sa stupide arrogance ?

XXI

Les grandes villes n'ont pas seules le privilége des petits crevés. Le village a aussi les siens. Ceux-ci naturellement croient qu'il leur sied de prendre une attitude narquoise vis-à-vis de l'instituteur. Quels sont ces petits crevés ? Presque toujours des saute-ruisseau avortés, que la sotte vanité de leurs parents a placés chez le notaire ou l'huissier du bourg voisin. Ces petits messieurs, qui passent quelques heures de la journée à copier des rôles ou des affiches, sont bien supérieurs à l'instituteur. Ils savent vider une chope et *rouler* merveilleusement une cigarette ; leur excentricité les fait distinguer au bal. En vérité, ne sont-ce pas là des gens importants ? Sans doute, après quelques bonnes dettes contractées au café, ils seront chassés par leur patron, et force leur sera de rentrer au village, Gros-Jean comme devant. Leurs vices n'en subsisteront pas moins, et l'instituteur continuera d'essuyer leurs niaises plaisanteries. Fort heureusement, ces sortes d'adversaires ne sont guère dangereux, et je ne les signale qu'en passant. Un froid dédain est la seule réponse qu'il convient de leur faire.

XXII

L'instituteur rencontrera encore un adversaire qui, à certains moments, fera tout ce qu'il pourra pour le discréditer auprès des paysans. Ceux-ci ont fréquemment des querelles à vider entre eux devant les justices de paix. De deux voisins qui ne sont pas toujours d'accord, l'un viendra consulter l'instituteur. Presque toujours aussi il ne s'agit que de futilités. L'instituteur ne conseillera pas de plaider. Mais la partie adverse ira trouver, devinez ? un de ces agents d'affaires, défenseurs du paysan devant la justice de paix, un de ces gens sortis de je ne sais où et qui s'intitulent pompeusement avocats. On en trouve régulièrement trois ou quatre dans chaque canton. Leur industrie consiste à exploiter la crédulité des imbéciles. Pour une misérable chicane, ils trouvent le moyen de faire débourser au paysan cent francs et même davantage. Quelques lignes suffiront à leur physionomie.

Il y a quelque vingt ans, leur toilette était plus que délabrée. Mais la civilisation a marché, et, avec elle, le luxe élégant s'est introduit dans nos mœurs. Ce sont presque des dandys. Ils ne sortent plus que bien vêtus, bien cirés, bien frisés et odoriférants. Pour eux, c'est l'habit qui fait le moine. Ils ont sous le bras un épais portefeuille, ce qui leur donne l'air d'hommes importants. Pour faire gagner son procès au paysan, ils ne viennent plus aujourd'hui lui demander un pot de cidre, un morceau de lard et deux ou trois andouilles. Quand le brave campagnard, assigné devant la justice de paix, frappe à leur porte pour leur demander l'appui de leur parole le jour de l'audience, il est reçu par une servante, annoncé, et, comme *monsieur* est pour l'heure en affaire avec des clients, il n'est introduit qu'après un temps assez long dans le cabinet du cicéron cantonal. Sur un signe majestueux de ce dernier, le plaideur s'assied, admirant et l'ameublement et celui dont on lui a vanté l'éloquence. Tant bien que mal il finit par exposer son cas ; son interlocuteur écoute patiemment, gravement, se pinçant, par intervalles, le poil du menton, crachant, éternuant, se mouchant. Le cas exposé, ce profond jurisconsulte ouvre devant les yeux ébahis du paysan de très-volumineux bouquins, lit sentencieusement force articles et congédie son naïf client en lui promettant aide et assistance. A cette question : combien me prendrez-vous ? il répond d'abord par un gracieux sourire , et il ajoute de l'air d'un homme qui n'est jamais pressé de voir les louis tomber dans sa caisse : — Ne vous tourmentez donc pas ; nous règlerons cette bagatelle à la fin de l'affaire. Je ne prends pas les gens à la gorge !

Et le pauvre campagnard retourne à sa charrue, tout surpris qu'un si grand homme ait pu montrer tant de courtoisie et tant de bonhomie. Mon pauvre ami, tu as compté sans le revers de la médaille. Tu ne sais pas qu'après ton départ, ce grand homme, cet avocat si désintéressé, qui paraît se soucier si peu de tes écus, se dira à lui-même : Voilà encore une bonne bête à plumer !

Si l'avocat de village voit l'affaire s'arranger à l'amiable, et s'il vient à connaître surtout que c'est grâce à l'intervention de l'instituteur, ce dernier aura un ennemi de plus ; car il compte bien quelques amis parmi les conseillers municipaux de l'endroit, et quand il s'agira d'une bonne dénonciation, sa plume sera taillée à l'avance.

XXIII

La majorité des instituteurs se plaignent du mauvais vouloir qu'ils rencontrent auprès des percepteurs pour le paiement de leur traitement. Je ne m'explique pas cette antipathie des receveurs municipaux pour les instituteurs. Il me semble au contraire qu'un même esprit de fraternité devrait unir des fonctionnaires placés à peu près au milieu des mêmes circonstances. Si l'instituteur a à subir les tracasseries des villageois, le percepteur n'a-t-il pas à les essuyer également de la part des maires et des contribuables ? Il est vrai que ces derniers accordent plus de considération au percepteur, pour deux raisons : d'abord parce que le percepteur ne ménage point les contribuables récalcitrants, ensuite parce qu'il se trouve dans une meilleure situation de fortune.

Bien des instituteurs subissent donc des retards dans le paiement de leur traitement. On dirait que lorsqu'ils se présentent devant la caisse, le percepteur les considère comme des mendiants, où du moins comme d'ennuyeux nécessiteux. L'argent leur est versé, pour ainsi dire, à regret. Souvent même ils sont exposés à des rebuffades qui frisent l'insolence. Les preuves ne manqueraient point à l'appui de ce que j'avance. Pourquoi donc les rapports entre l'instituteur et le percepteur ne sauraient-ils être convenables? En quoi l'instituteur est-il le subordonné du percepteur? L'administration des finances, qui ignore sans doute ces choses, devrait y mettre bon ordre. L'argent pour le service de l'instruction primaire doit être rigoureusement réservé. Pourquoi répond-on presque toujours à l'instituteur qui présente un mandat : il n'y a pas d'argent? Mais le crédit du boucher et du boulanger ne peut être illimité, et il serait de toute justice de ne pas faire attendre des fonctionnaires si peu rétribués, des pères de famille n'ayant pour vivre que cet insuffisant traitement. J'ai été témoin de scènes regrettables. Pour faire cesser cet état de choses, ne pourrait-on pas user d'un moyen bien simple ; celui-ci, par exemple : contraindre les percepteurs récalcitrants à payer un intérêt calculé par chaque jour de retard, à partir de la présentation du mandat ?

CONCLUSION

D'après ce qui précède, il est facile de voir que l'instituteur primaire ne marche pas précisément sur un chemin semé de roses. Il me reste à émettre certains vœux dont la réalisation changerait de fond en comble la situation du maître d'école. Ce sera la conclusion de mon travail.

Et d'abord, ainsi que je l'ai dit dans la préface, tout le monde est d'accord sur un point : l'insuffisance du traitement alloué à l'instituteur. Il faut en finir avec les augmentations graduelles et toujours lentes. Il ne faut pas oublier que l'instituteur est père de famille, que le plus souvent il appartient à des parents pauvres, qu'il n'a, par conséquent, d'autre ressource que son propre traitement. En élevant ce dernier à un minimum de quinze cents francs, ce ne serait que juste. Il en coûte autant au village qu'à la ville pour vivre ; on s'y procure plus difficilement le nécessaire et à un prix plus élevé.

Achetez une douzaine d'œufs chez le paysan : il vous la vendra un peu plus cher qu'au marché, et encore ce sera pour vous *obliger*. — On objectera que cette élévation immédiate du traitement grèvera lourdement le budget. Erreur ! il n'est point nécessaire d'augmenter le budget d'un sou. Il y a de gros et scandaleux traitements, de grasses sinécures, des cumuls qu'il est urgent de supprimer au profit du ministère de l'instruction publique, le plus pauvre des ministères. Le traitement de l'instituteur augmenté, sa propre dignité s'en ressentira. Le paysan, qui ne comprend pas que le mérite puisse être de compagnie avec la pauvreté, n'accorde quelque considération qu'à un homme qu'il sait être dans une position aisée. A un autre point de vue, ce serait mettre un terme aux désertions assez fréquentes parmi les instituteurs. « Tant bien que mal, dit M. Mérilhou, que j'aime toujours à citer, ils exercent leurs fonctions jusqu'au moment où ils peuvent être dispensés du service militaire, puis ils vont chercher ailleurs l'emploi de leur aptitude. Ils vont demander aux administrations des chemins de fer, à la petite voirie, à des industries privées, les avantages matériels que ne peut leur donner l'enseignement... Dans la situation actuelle, que peut-on exiger d'un pauvre diable qui est condamné à vivre avec sept cents francs et qui, pour obtenir une partie de ce salaire, doit faire chaque jour le sacrifice de sa dignité personnelle, engager son libre arbitre ? En résumé, le malheureux se voue à cet esclavage pour échapper à la conscription d'abord, puis à la misère. On peut exiger quelque chose d'un homme auquel on assure un avenir, et, pour le présent, une sorte d'aisance qui le rende indépendant et lui donne l'autorité nécessaire pour faire le bien (1). »

Il a été question, ces derniers temps, d'abandonner aux conseils municipaux le choix des instituteurs et de les placer sous leur contrôle immédiat. Une pareille mesure serait déplorable et désastreuse. Les démissions abonderaient. Mais, pour un moment, j'admets que les conseils municipaux de village sont uniquement composés d'hommes intelligents ; les influences locales en subsisteront-elles moins ? Il existera toujours dans chaque commune deux partis, quelquefois trois, même dans le village le moins populeux. Un parti — j'admets encore que ce soit le plus nombreux, le plus intelligent, le plus instruit — se ralliera au conseil municipal et ratifiera son choix. Mais le parti adverse en sera-t-il moins acharné ? L'instituteur ne

(1) *Les anciennes provinces de la France. — Le Périgord noir*, par M. F. Mérilhou.

sera-t-il pas en butte à ses persécutions incessantes ? Acclamé par les uns, conspué par les autres, telle sera la situation de l'instituteur. Ce dernier, quoique fortement soutenu d'un côté, aura à tenir tête, de l'autre, à une opposition sourde ou hautement déclarée. Un beau jour, fatigué de la lutte, et voyant diminuer graduellement son influence morale, il résignera ses fonctions. Et quand même ses adversaires seraient réduits au silence ou écrasés, ne sera-t-il pas, au bout du compte, l'homme du parti triomphant et n'aura-t-il pas à se soumettre à ses exigences ? — Nous vous avons choisi, lui dira-t-on ; par reconnaissance vous vous devez à nous ; nous vous avons tracé une voie ; ne vous en écartez pas. — Il demeurera ainsi sous le despotisme, et cette soumission sera pire encore que la lutte.

Il faut à tout prix soustraire l'instituteur au contrôle du maire, du conseil municipal et du curé. Le maire est le représentant de l'autorité civile, le curé de l'administration religieuse ; que l'instituteur soit dans sa commune le représentant indépendant de l'administration académique.

Nous voudrions donc que les instituteurs ne relevassent exclusivement que de leurs chefs universitaires. Leur nomination appartiendrait au recteur ou à l'inspecteur d'académie. Ce dernier est secondé avec zèle, avec intelligence par les inspecteurs primaires. Ceux-ci sont les amis, les protecteurs éclairés de l'instituteur (1). Leur protection serait encore plus efficace s'ils étaient toujours choisis parmi les maîtres de l'enfance, car ils connaîtraient mieux les adversaires de leurs subordonnés. Ce serait aussi une façon de récompenser et d'honorer les plus dignes, les plus capables.

D'après les règlements, l'instruction religieuse se donne dans les écoles sous la direction du curé de la paroisse. Je ferais une concession plus large : j'abandonnerais entièrement au curé l'instruction religieuse des enfants. Cette instruction, je la crois certainement indispensable, mais, au point de vue de l'indépendance de l'instituteur,

(1) Le clergé, à l'heure actuelle, croit-il sérieusement au retour des belles années de la Restauration ? Tout dernièrement un curé visitant une école de village, dans le département de l'Eure, déclarait à l'instituteur que tous les inspecteurs primaires sont des impies et qu'il faut bien se garder de se servir des ouvrages publiés par eux. Ce même curé ajoutait : « Tant que nous n'aurons pas en main la direction des affaires, tout ira mal en France ! » La direction des affaires ! Bon et naïf curé ! Qu'il jette donc un coup d'œil sur les registres de l'état civil tenus par ses confrères avant la Révolution ! (Note de l'auteur, 1er juin 1871.)

il y a inconvénient à la donner à l'école sous la direction du curé. L'instituteur se bornerait à des leçons de morale générale dont le programme pourrait être arrêté par l'université.

Un conseil académique est établi dans chaque département. Presque toujours il est composé de personnes appartenant au conseil général, personnes honorables, je le reconnais. Mais ce ne sont pas des gens du *métier*, comme on dit vulgairement, et j'aimerais mieux une majorité choisie parmi les anciens fonctionnaires de l'instruction publique. Je désirerais même qu'un instituteur y eût sa place. Bien des améliorations résulteraient de ce changement. — Dans la composition actuelle des conseils académiques, l'évêque diocésain ne manque jamais de figurer. C'est sans doute un hommage rendu au caractère du chef religieux de la contrée ; mais c'est un tort, parce que c'est faire de l'évêque le premier personnage du département ; c'est donner à l'administration religieuse le pas sur l'administration civile. Le préfet, lui, est-il appelé au conseil de l'évêché ? Les recteurs, les inspecteurs d'académie sont-ils consultés sur le personnel des curés ? Pourquoi l'évêque le serait-il en ce qui touche les instituteurs ? Le presbytère est en dehors du contrôle de l'école, l'école en dehors du contrôle du presbytère.

Enfin, pour forcer le paysan à apprécier les bienfaits de l'instruction, je demanderais au gouvernement de priver de leurs droits politiques tous les individus illettrés. En quelques années, la plaie hideuse de l'ignorance disparaîtrait.

Tels sont les principaux vœux qu'il m'a paru utile d'émettre. Quand la question de l'instruction primaire sera reprise par la Chambre, assemblée législative, nationale ou constituante — et cette question viendra assurément à l'ordre du jour dans un avenir qui ne saurait être éloigné — je voudrais que ceux qui seront chargés de la discuter prissent la peine de lire mon humble livre. Il est écrit de bonne foi. J'ai dit ce que j'ai vu, c'est-à-dire la vérité. Il ressort clairement que l'instituteur, moralement et physiquement, est dans une situation des plus misérables. Il faut faire disparaître la tyrannie du paysan, des autorités locales. Cette tyrannie existe, elle s'exerce tous les jours. Les moyens que j'ai indiqués pour y mettre un terme, et qui ont pu naître dans d'autres cerveaux que le mien, me paraissent de nature à changer l'état de choses actuel. Mais on peut les étudier, les améliorer, les modifier, les développer. Ne perdons pas de vue les récentes et profondes blessures faites à la patrie. Ces blessures, il faut les cicatriser. Peut-être ne suffirons-nous pas à la tâche. La génération qui s'élève aura pour mission de l'achever. Or cette génération est dans les mains de nos instituteurs. Il faut que cette génération soit forte, instruite, nourrie de vigoureuses convictions; il faut qu'elle grandisse vierge de tout préjugé. Eh bien ! celui qui doit cultiver ces jeunes esprits, féconder ces jeunes cœurs, les préparer aux luttes viriles de l'avenir, celui-là, l'instituteur, souffre, et il souffre par ceux dont il élève les enfants ! Son œuvre est menacée d'avortement. Législateurs, relevez donc aux yeux du paysan le maître de l'enfance ! Faites qu'il ne le considère plus comme un instrument misérable et servile, mais qu'il l'honore, au contraire, comme un pionnier du savoir, du progrès, de la civilisation !

FIN

Caen, typ. F. Le Blanc-Hardel.